school - Schuel	2
reis - Reis	5
transport - Transport	8
stad - Stadt	10
landschap - Landschaft	14
restaurant - Restaurant	17
supermarkt - Läbensmittellade	20
drankjes - Getränk	22
eten - Läbensmittel	23
boerderij - Buurehof	27
huis - Huus	31
woonkamer - Stubä	33
keuken - Chuchi	35
badkamer - Badzimmer	38
kinderkamer - Chinderzimmer	42
kleding - Chleidig	44
kantoor - Büro	49
economie - Wirtschaft	51
beroepen - Brüef	53
werktuigen - Werkzüüg	56
muziekinstrumenten - Musiginstrumänt	57
zoo - Zolli	59
sporten - Sport	62
activiteiten - Aktivitäte	63
familie - Familiä	67
lichaam - Körpär	68
ziekenhuis - Spital	72
noodgeval - Notfall	76
aarde - Ärde	77
klok - Uhr	79
week - Wuche	80
jaar - Johr	81
vormen - Forme	83
kleuren - Farbä	84
tegengestelden - Gägeteil	85
cijfers - Zahlä	88
Talen - Sprache	90
wie / wat / hoe - wär / was / wie	91
waar - wo	92

Impressum
Verlag: BABADADA GmbH, Nedderfeld 112 , 22529 Hamburg
Geschäftsführer / Verlagsleitung: Harald Hof
Druck: Books on Demand GmbH, In de Tarpen 42, 22848 Norderstedt

Imprint
Publisher: BABADADA GmbH, Nedderfeld 112 , 22529 Hamburg, Germany
Managing Director / Publishing direction: Harald Hof
Print: Books on Demand GmbH, In de Tarpen 42, 22848 Norderstedt

school

Schuel

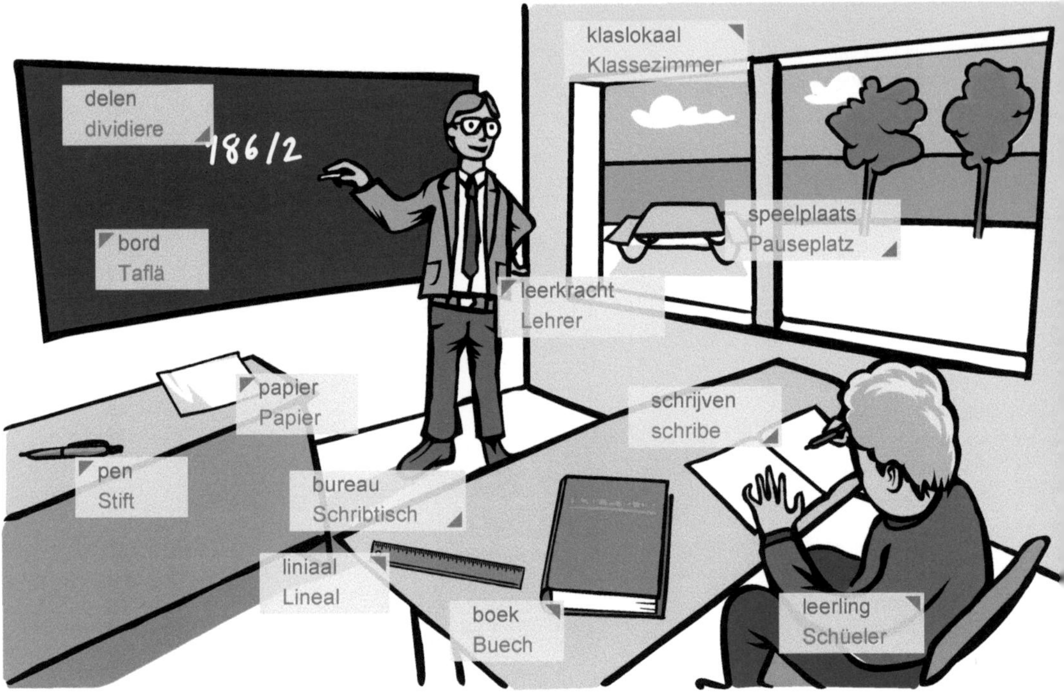
klaslokaal
Klassezimmer
delen
dividiere
186/2
bord
Taflä
speelplaats
Pauseplatz
leerkracht
Lehrer
papier
Papier
schrijven
schribe
pen
Stift
bureau
Schribtisch
liniaal
Lineal
boek
Buech
leerling
Schüeler

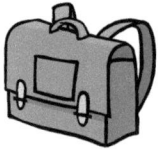

schooltas

Thek

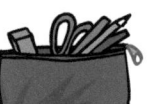

pennenzak

Etui

potlood

Bleistift

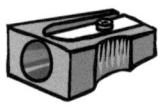

puntenslijper

Spitzer

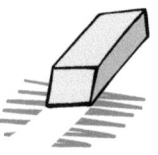

gom

Radiergummi

tekenblok

Zeicheblock

tekening

Zeichnig

verfborstel

Pinsel

verfdoos

Malchaschte

schaar

Schär

lijm

Liim

werkboek

Üebigsheft

huiswerk

Huusufgabe

nummer

Zahl

optellen

addiere

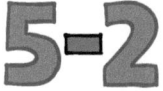

aftrekken

subtrahiere

vermenigvuldigen

multipliziere

rekenen

rächne

letter

Buechstabe

alfabet

Alphabet

woord

Wort

tekst

Text

Lezen

läse

krijt

Kriide

les

Lektion

klassenboek

Klassäbuech

examen

Prüefig

certificaat

Zügnis

schooluniform

Schueluniform

onderwijs

Usbildig

encyclopedie

Enzyklopädie

universiteit

Universität

microscoop

Mikroskop

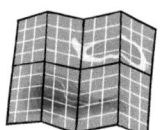

kaart

Charte

papiermand

Papierchorb

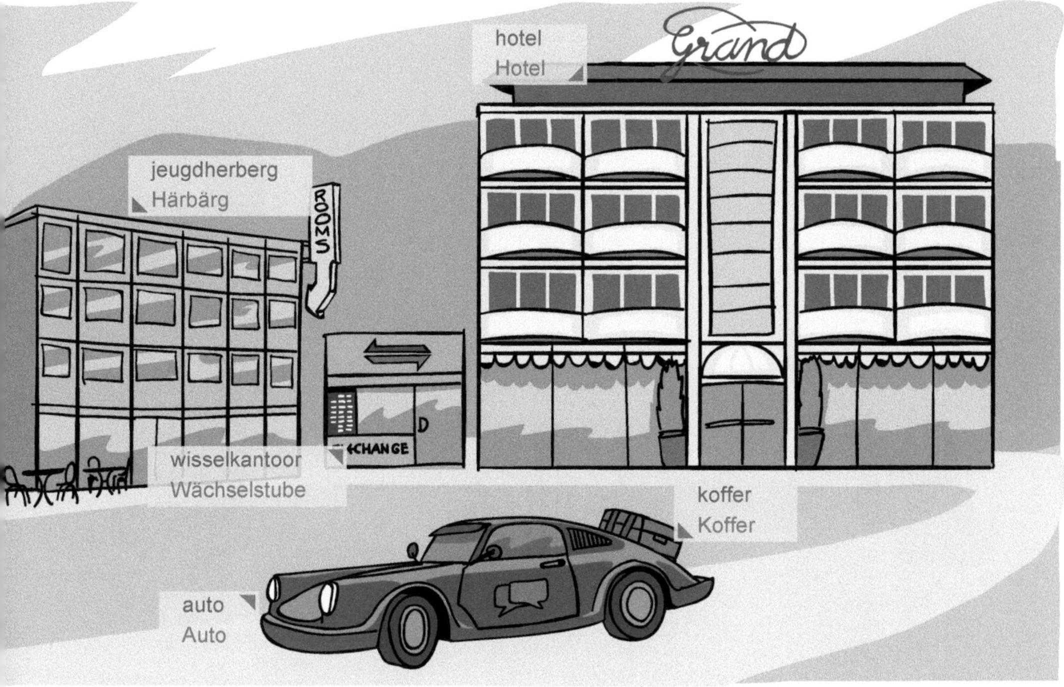

hotel
Hotel
Grand
jeugdherberg
Härbärg
ROOMS
wisselkantoor
Wächselstube
EXCHANGE
koffer
Koffer
auto
Auto

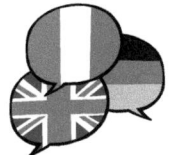

Taal
....
Sprach

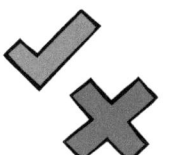

ja / nee
....
jo / nei

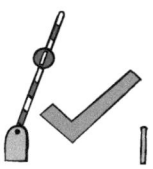

oké
....
okay

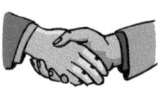

hallo
....
Hallo

vertaler
....
Dolmetscher

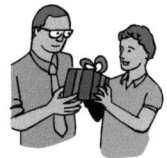

bedankt
....
Dankä

Hoeveel kost …?

Was chostet…?

Ik begrijp het niet

Ich vrstahs nöd

probleem

Problem

Goedenavond!

Guete Abig!

Goedemorgen!

guete Morgä!

Goedenavond!

guete Abig!

Tot ziens

Uf Wiederseh

richting

Richtig

bagage

Bagaasch

zak

Täsche

rugzak

Rucksack

gast

Gast

kamer

Ruum

slaapzak

Schlafsack

tent

Zält

toeristeninformatie

Touristeninformation

strand

Strand

kredietkaart

Kreditkarte

ontbijt

Zmorge

lunch

Zmittag

avondeten

Znacht

ticket

Billet

lift

Ufzug

postzegel

Briefmarke

grens

Gränze

douane

Zoll

ambassade

Botschaft

visum

Visum

paspoort

Pass

transport
Transport

vliegtuig
Flugzüg

schip
Schiff

brandweerwagen
Füürwehr

bus
Bus

vrachtwagen
Lastwage

motorboot
Motorboot

fiets
Velo

auto
Auto

veerboot

Fähri

boot

Boot

motor

Töff

politiewagen

Polizeiauto

racewagen

Rännauto

huurauto

Mietwage

carpoolen

Carsharing

sleepwagen

Abschleppwage

vuilniswagen

Chübelwage

motor

Motor

benzine

Benzin

benzinestation

Tankstell

verkeersbord

Verkehrsschild

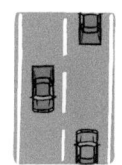

verkeer

Verchehr

file

Stau

parkeerplaats

Parkplatz

station

Bahnhof

sporen

Schiene

trein

Zug

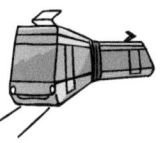

tram

Strassebahn

wagon

Wagon

helikopter
Helikopter

luchthaven
Flughafe

toren
Tower

passagier
Passagier

container
Container

karton
Karton

kar
Chare

mand
Korb

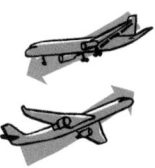

opstijgen / landen
starte / lande

stad
Stadt

dorp
Dorf

stadscentrum
Stadtzentrum

huis
Huus

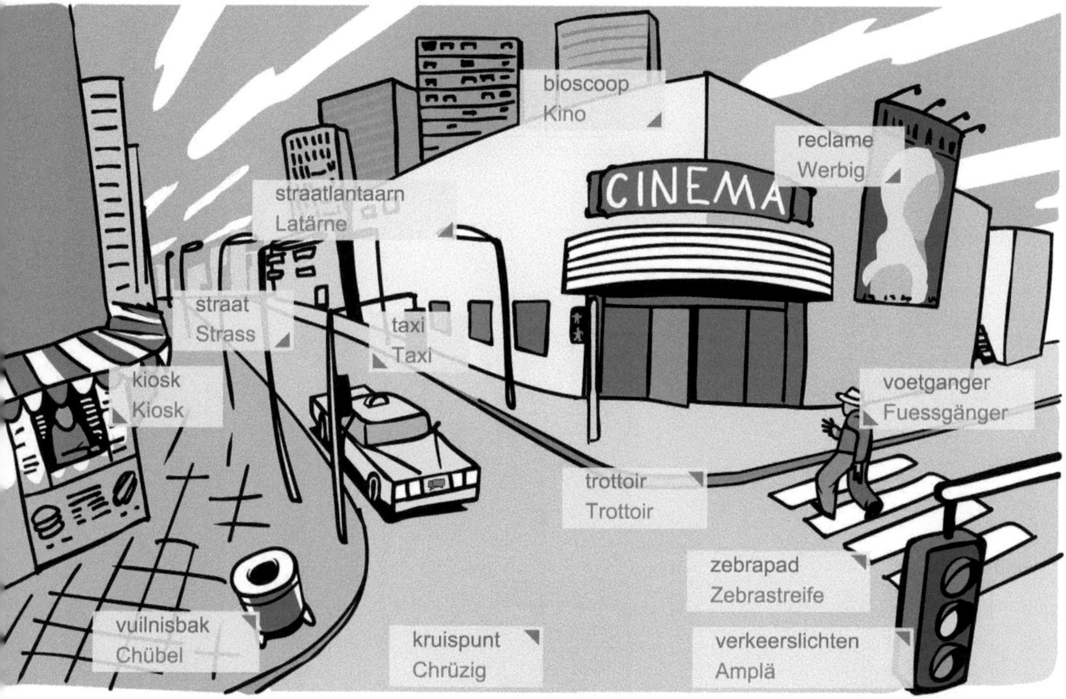

bioscoop
Kino

reclame
Werbig

straatlantaarn
Latärne

CINEMA

straat
Strass

taxi
Taxi

kiosk
Kiosk

voetganger
Fuessgänger

trottoir
Trottoir

zebrapad
Zebrastreife

vuilnisbak
Chübel

kruispunt
Chrüzig

verkeerslichten
Amplä

hut

Hütte

woning

Wohnig

station

Bahnhof

stadshuis

Gmeindshuus

museum

Museum

school

Schuel

universiteit

Universität

bank

Bank

ziekenhuis

Spital

hotel

Hotel

apotheek

Apotheke

kantoor

Büro

boekwinkel

Buechgschäft

winkel

Gschäft

bloemenwinkel

Bluemelade

supermarkt

Läbensmittellade

markt

Märt

warenhuis

Chaufhuus

vishandelaar

Fischhändler

winkelcentrum

lihkaufszentrum

haven

Hafe

stad - Stadt

park

Park

bank

Bank

brug

Brugg

trap

Stäge

metro

U-Bahn

tunnel

Tunnell

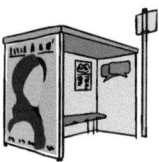

bushalte

Bushaltestell

bar

Bar

restaurant

Restaurant

brievenbus

Briefchastä

straatnaambord

Strasseschild

parkeermeter

Parkuhr

zoo

Zolli

zwembad

Badi

moskee

Moschee

boerderij
Buurehof

milieuverontreiniging
Umwältvrschmutzig

kerkhof
Fridhof

kerk
Chile

speelplaats
Spielplatz

tempel
Tämpel

landschap
Landschaft

blad
Blatt

wegwijzer
Wägwiiser

weg
Wäg

weide
Wise

steen
Stei

boom
Baum

wandelaar
Wanderer

rivier
Fluss

gras
Gras

bloem
Bluamä

vallei
Tal

heuvel
Bärg

meer
See

bos
Wald

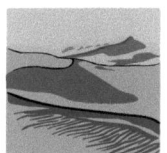

woestijn
Wüeschti

vulkaan
Vulkan

kasteel
Schloss

regenboog
Rägeboge

paddenstoel
Pilz

palmboom
Palme

mug
Moskito

vlieg
Fliege

mier
Ameise

bijl
Biendli

spin
Spinne

kever

Chäfer

kikker

Frosch

eekhoorn

Eichhörnli

egel

Igel

haas

Haas

uil

Üle

vogel

Vogu

zwaan

Schwan

wild zwijn

Wildschwein

hert

Hirsch

eland

Elch

dam

Damm

windturbine

Windturbine

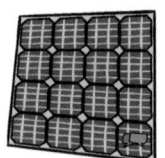

zonnepaneel

Sunnekollektor

klimaat

Klima

restaurant
Restaurant

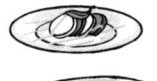

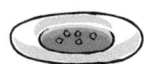

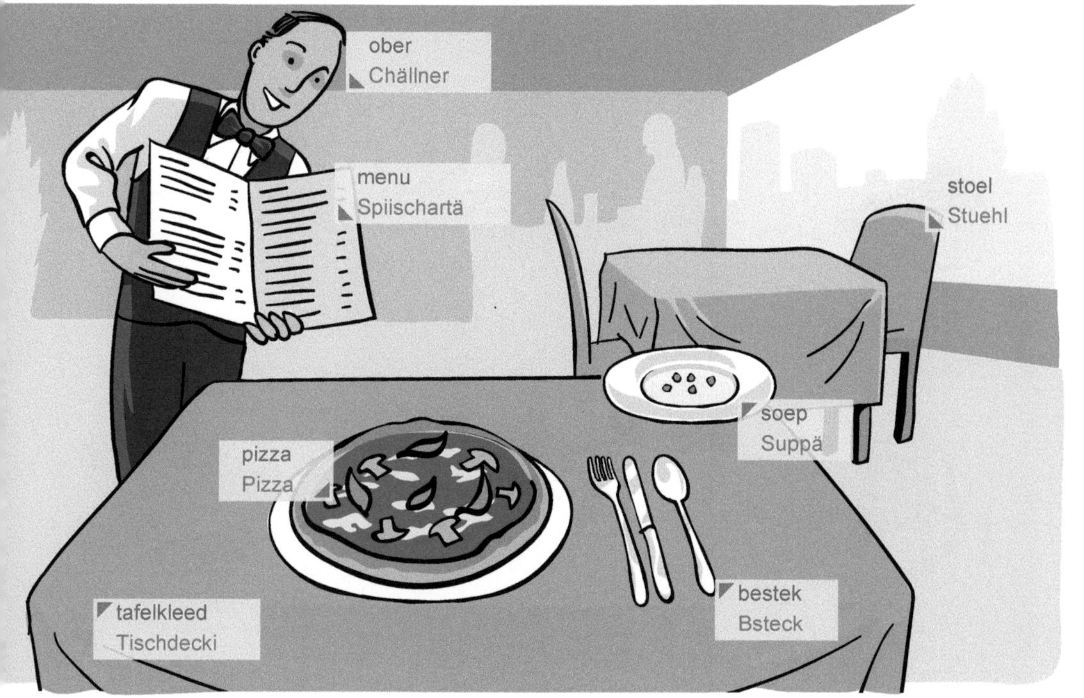

ober
Chällner
menu
Spiischartä
stoel
Stuehl
soep
Suppä
pizza
Pizza
bestek
Bsteck
tafelkleed
Tischdecki

voorgerecht
Vorspiies

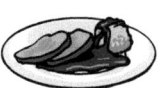

hoofdgerecht
Hauptgricht

nagerecht
Dessert

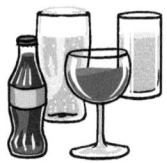

drankjes
Getränk

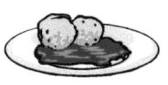

eten
Läbensmittel

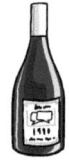

fles
Fläsche

fastfood

Fast Food

street food

Street Food

theepot

Teechanne

suikerpot

Zuckerdosä

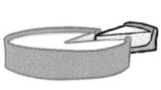

portie

Portion

espressomachine

Espressomaschine

kinderstoel

Hochstuehl

rekening

Rächnig

dienblad

Tablett

mes

Mässer

vork

Gable

lepel

Löffel

theelepel

Teelöffel

serviette

Serviette

glas

Glas

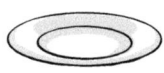

bord
Täller

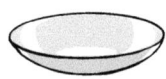

soepbord
Suppetällär

schoteltje
Untertasse

saus
Sose

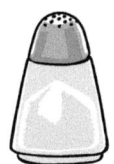

zoutvatje
Salzstreuer

pepermolen
Pfäffermühli

azijn
Essig

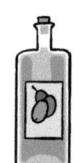

olie
Öl

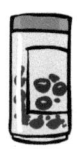

kruiden
Gwürz

ketchup
Ketchup

mosterd
Sänf

mayonaise
Mayonnaise

supermarkt
Läbensmittellade

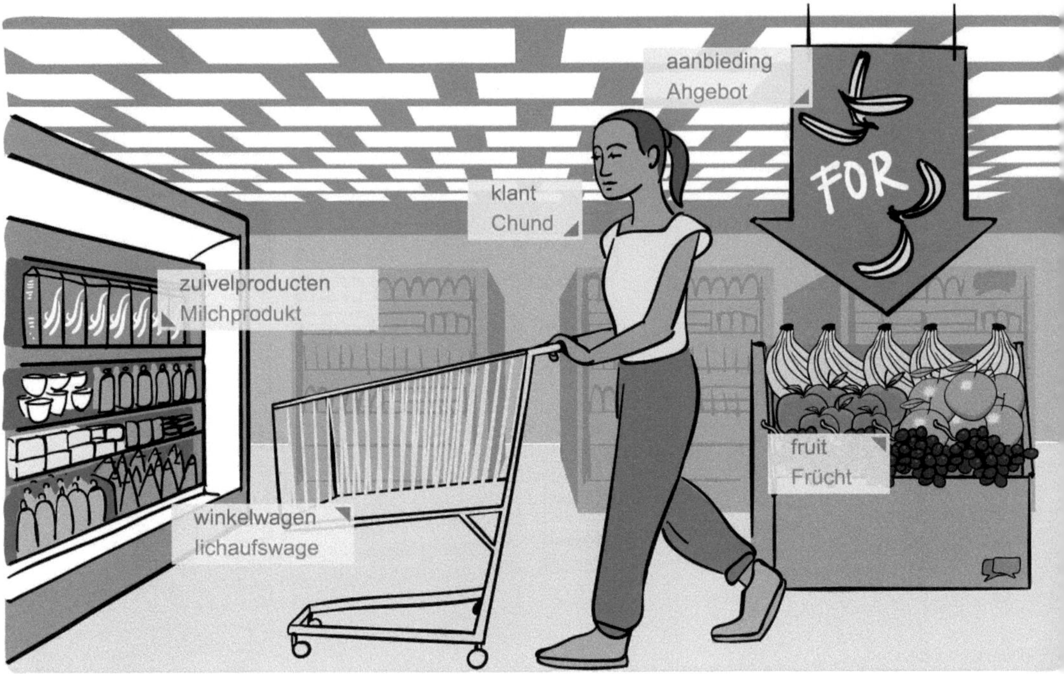

aanbieding
Ahgebot
FOR
klant
Chund
zuivelproducten
Milchprodukt
fruit
Frücht
winkelwagen
Iichaufswage

BUTCHERS

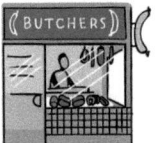

slagerij

Schlachter

BAKERY

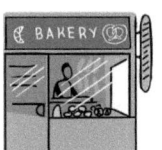

bakkerij

Beck

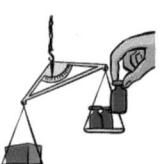

wegen

wiege

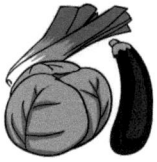

groenten

Gmües

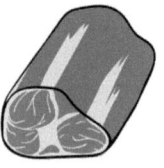

vlees

Fleisch

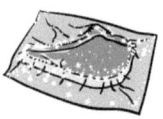

diepvriesvoedsel

Tiefkühlprodukt

charcuterie

Ufschnitt

conserven

die Konsärve

waspoeder

Wöschmittel

snoep

Süessigkeite

huishoudproducten

Huushaltartikel

schoonmaakproducten

Putzmittel

verkoopster

Verchäuferin

kassa

Kassä

kassier

Kassierer

boodschappenlijstje

Ihchaufsliste

openingstijden

Öffnigszite

portefeuille

das Portemonnaie

kredietkaart

Kreditkarte

tas

Täsche

plastieken zakje

Plastiksack

water

Wasser

sap

Saft

melk

Milch

cola

Cola

wijn

Wii

bier

Bier

alcohol

Alkohol

cacao

Ovi

thee

Tee

koffie

Kafi

espresso

Espresso

cappuccino

Cappuccino

banaan

Banane

appel

Öpfel

sinaasappel

Orange

meloen

Melone

citroen

Zitrone

wortel

Rüebli

knoflook

Chnoobli

bamboe

Bambus

ajuin

Zwiblä

champignon

Pilz

noten

Nüss

noodles

Nudle

spaghetti

Spaghetti

rijst

Riis

salade

Salat

frieten

Pommfrit

gebakken aardappelen

Bratherdöpfel

pizza

Pizza

hamburger

Hamburgär

sandwich

Sandwich

kalfslapje

Gotlett

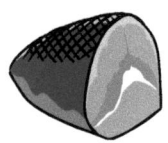

ham

Schinkä

salami

Salami

worst

Würschtli

kip

Huehn

braden

Bratä

vis

Fisch

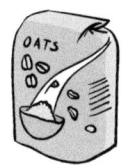

havervlokken

Haferflocke

muesli

Müesli

cornflakes

Cornflakes

bloem

Mähl

croissant

Gipfeli

pistolet

Brötli

brood

Brot

toast

Toscht

koekjes

Guetzli

boter

Butter

kwark

Quark

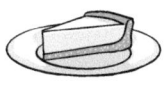

taart

Chueche

ei

Ei

spiegelei

Spiegelei

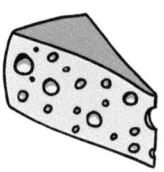

kaas

Chäs

ijs

Glace

suiker

Zucker

honing

Honig

confituur

Gonfi

choco

Nougat-Creme

curry

Curry

boerderij
Buurehof

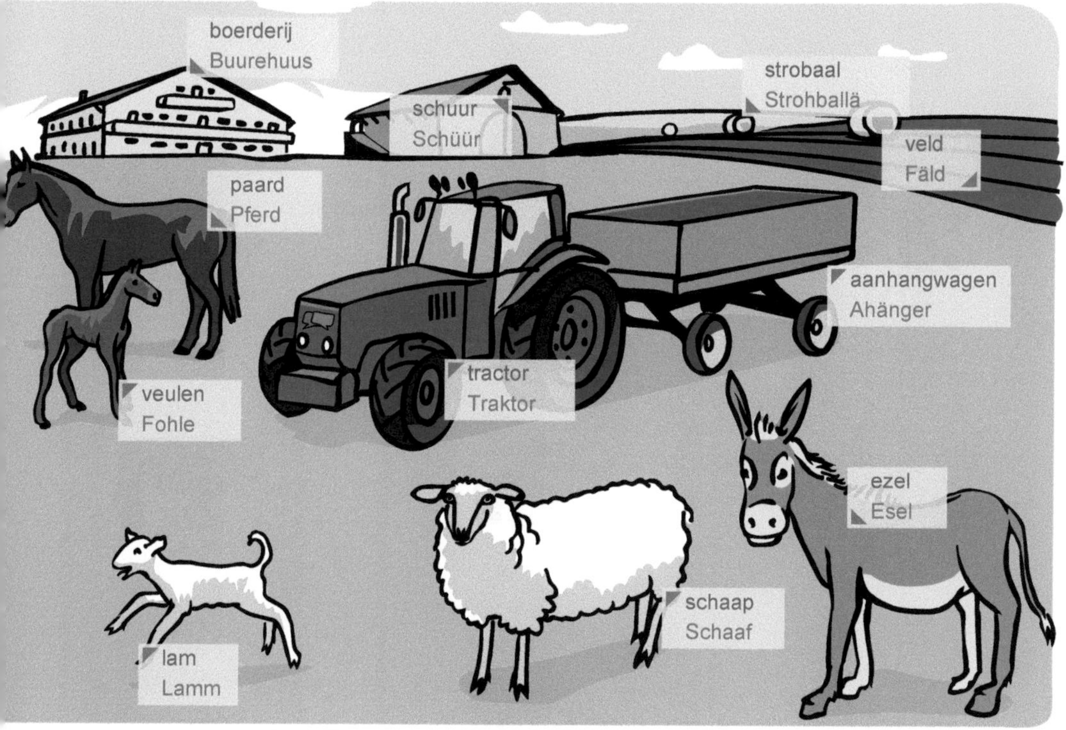

boerderij
Buurehuus
schuur
Schüür
strobaal
Strohballä
veld
Fäld
paard
Pferd
aanhangwagen
Ahänger
tractor
Traktor
veulen
Fohle
ezel
Esel
schaap
Schaaf
lam
Lamm

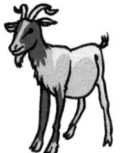

geit

Geiss

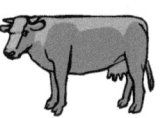

koe

Chueh

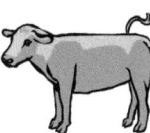

kalf

Chalb

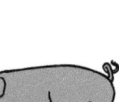

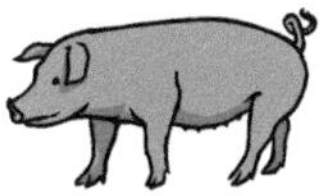

varken

Sau

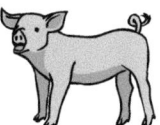

biggetje

Ferkel

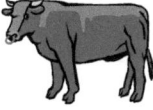

stier

Rind

gans
Gans

eend
Änte

kuiken
Küke

kip
Huähn

haan
Güggel

rat
Ratte

kat
Chatz

muis
Muus

os
Ochse

hond
Hund

hondenhok
Hundehütte

tuinslang
Garteschluuch

gieter
Giesschanne

zeis
Sägese

ploeg
Pflueg

sikkel
Sichel

schoffel
Hacke

hooivork
Heugable

bijl
Axt

kruiwagen
Garette

trog
Trog

melkkan
Milchchanne

zak
Sack

hek
Haag

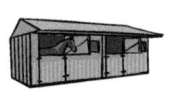

stal
Gadä

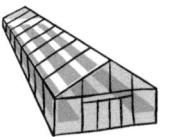

broeikas
Gwächshuus

bodem
Bode

zaad
Soome

mest
Dünger

maaidorser
Mähdrescher

oogsten
ärnte

oogst
Ärnte

yam
Yamswurzle

tarwe
Weize

soja
Soja

aardappel
Härdöpfel

maïs
Mais

koolzaad
Raps

fruitboom
Obstbaum

maniok
Maniok

graan
Getreide

huis
Huus

schoorsteen
Chämi
dak
Dach
regenpijp
Rägerinne
raam
Fänschter
garage
Garage
deurbel
Lüüti
deur
Tür
vuilnisbak
Mülltonne
brievenbus
Briefchaschte
tuin
Gartä

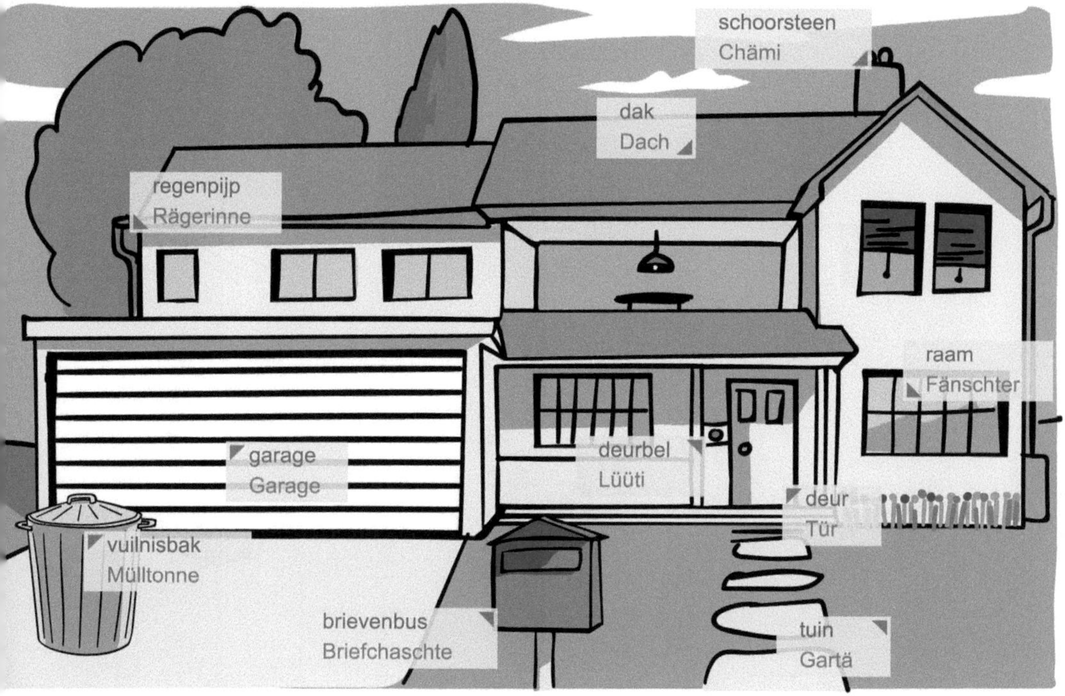

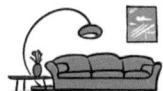

woonkamer

Stubä

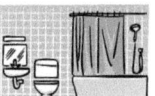

badkamer

Badzimmer

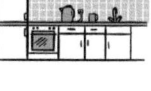

keuken

Chuchi

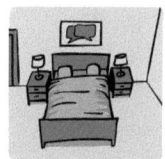

slaapkamer

Schlofzimmer

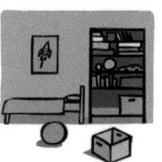

kinderkamer

Chinderzimmer

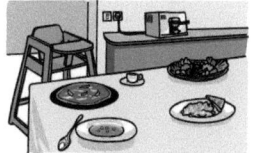

eetkamer

Ässzimmer

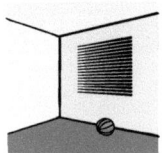

vloer

Bodä

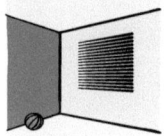

muur

Wand

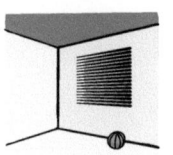

plafond

Decki

kelder

Chäller

sauna

Sauna

balkon

Balkon

terras

Terasse

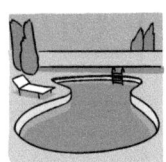

zwembad

Pool

grasmaaier

Rasemäier

dekbedovertrek

Bettbezug

dekbed

Bettdecki

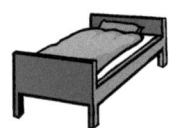

bed

Bett

bezem

Bäse

emmer

Chübel

schakelaar

Schalter

woonkamer
Stubä

behangpapier
Tapete
foto
Bild
lamp
Lampä
schap
Regal
kast
Schrank
televisie
Färnseh
open haard
Kamin
bloem
Bluamä
kussen
Chüssi
sofa
Sofa
vaas
Vasä
afstandsbediening
Färnbedienig

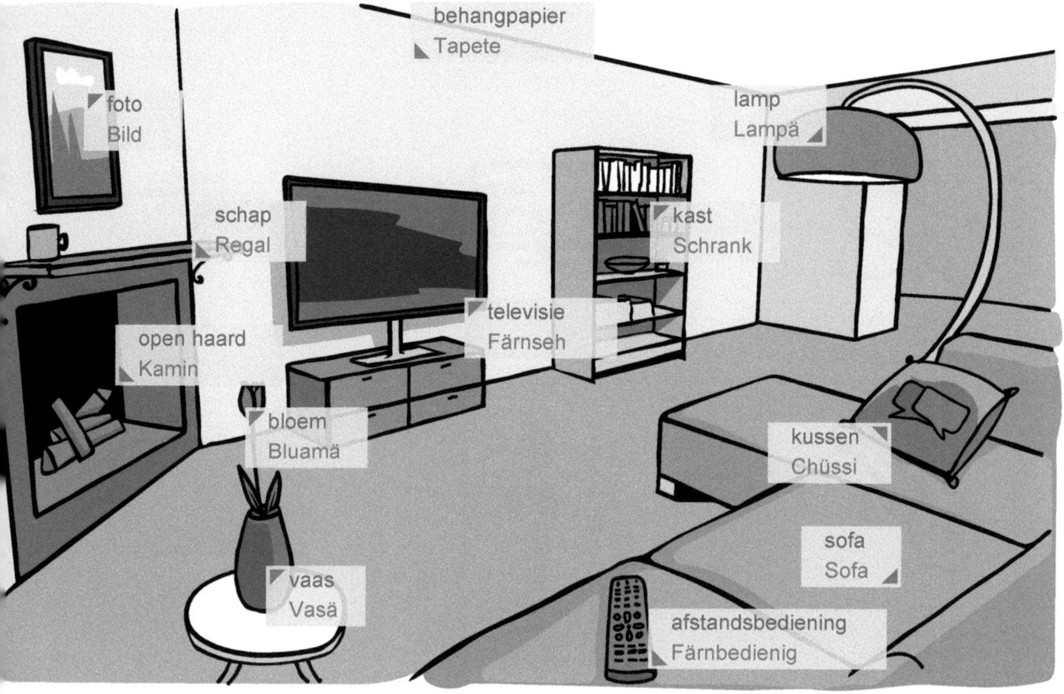

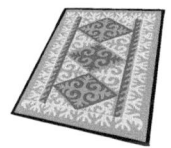

mat
Teppich

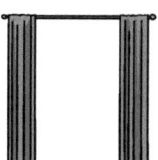

gordijn
Vorhang

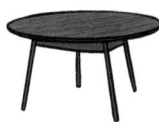

tafel
Tisch

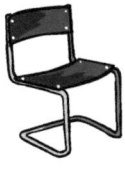

stoel
Stuehl

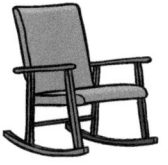

schommelstoel
Schaukelstuehl

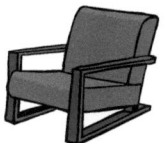

fauteuil
Sässel

boek

Buech

deken

Decki

decoratie

Dekoration

brandhout

Füürholz

film

Film

stereo-installatie

Stereoahlag

sleutel

Schlüssel

krant

Ziitig

schilderij

Bild

poster

Poster

radio

Radio

notitieboekje

Notizblock

stofzuiger

Staubsuuger

cactus

Kaktus

kaars

Chärze

keuken
Chuchi

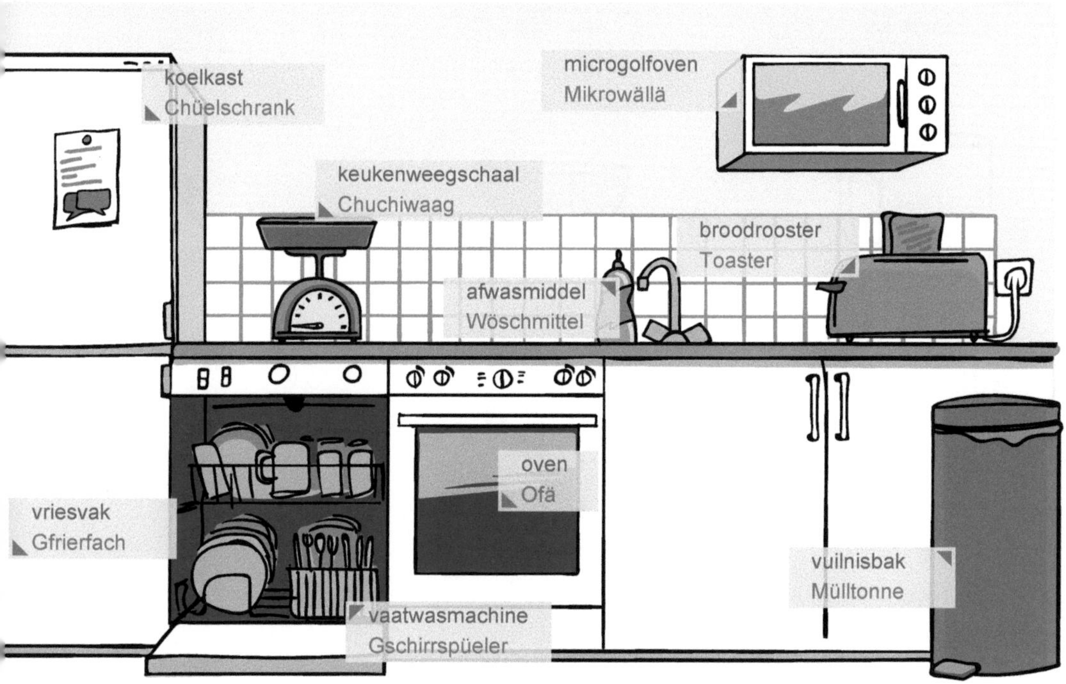

koelkast
Chüelschrank
microgolfoven
Mikrowällä
keukenweegschaal
Chuchiwaag
broodrooster
Toaster
afwasmiddel
Wöschmittel
oven
Ofä
vriesvak
Gfrierfach
vuilnisbak
Mülltonne
vaatwasmachine
Gschirrspüeler

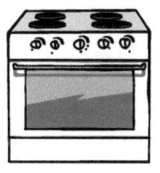

fornuis

Härd

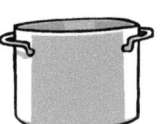

pot

Topf

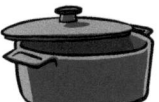

gietijzeren pot

Iisetopf

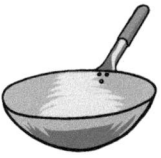

wok / kadai

Wok / Kadai

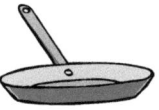

pan

Pfanne

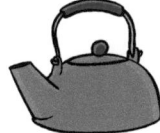

waterkoker

Wasserchocher

stoomkoker
Dampfer

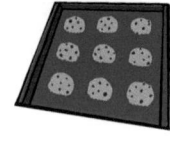

bakplaat
Bachbläch

servies
Gschirr

mok
Bächer

kom
Schale

eetstokjes
Stäbli

pollepel
Suppechellä

spatel
Pfannewänder

garde
Schneebäse

vergiet
Sieb

zeef
Sieb

rasp
Raffle

mortier
Mörser

barbecue
Grill

haardvuur
Füürstell

snijplank

Schniidbrätt

deegrol

Nudelholz

kurkentrekker

Korkäzieher

blik

Dosä

blikopener

Dosäöffner

pannenlap

Topflappä

gootsteen

Wöschbecki

borstel

Bürste

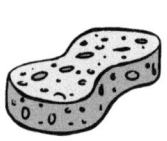

spons

Schwumm

blender

Mixer

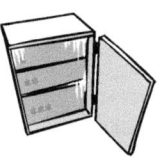

vriezer

Gfrierschrank

papfles

Babyfläschli

kraan

Hahnä

badkamer
Badzimmer

douche
Duschi
verwarming
Heizig
handdoek
Handtuech
douchegordijn
Duschvorhang
bubbelbad
Schumbad
badkuip
Badwanne
glas
Glas
wasmachine
Wöschmaschine
kraan
Hahnä
tegels
Fliesä
kinderpo
Töpfli
gootsteen
Wöschbecki

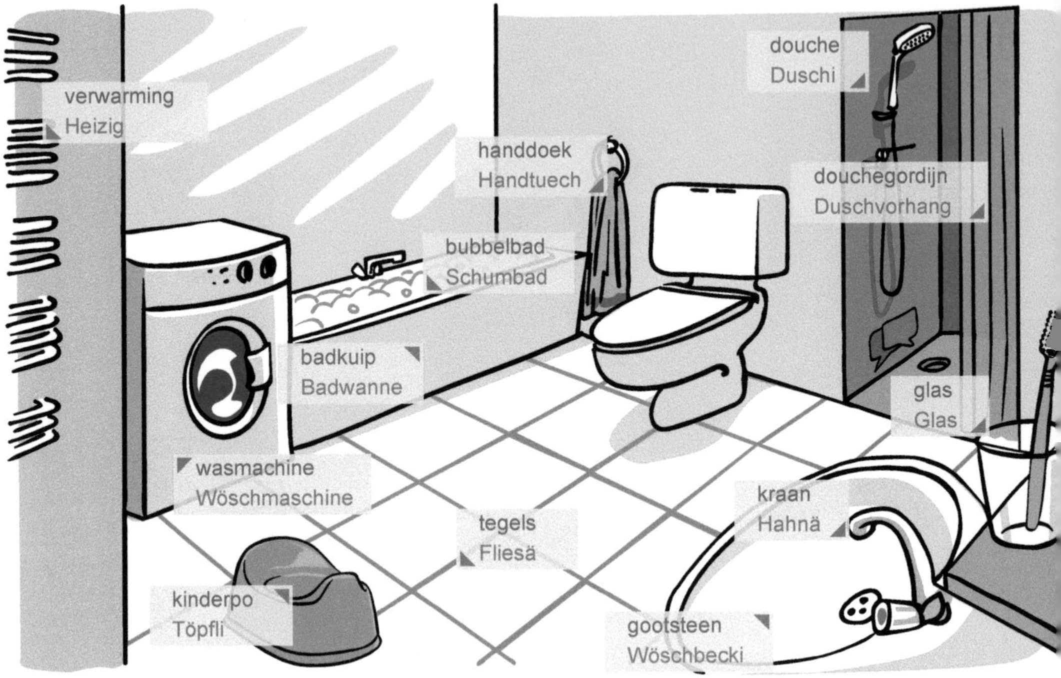

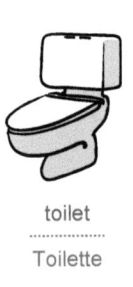

toilet

Toilette

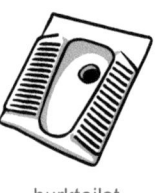

hurktoilet

Plumpsklo

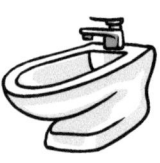

bidet

Bidet

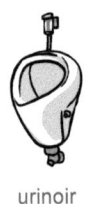

urinoir

Pissoir

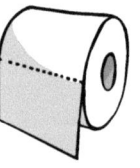

toiletpapier

Toilettepapier

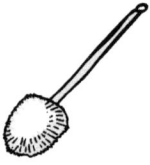

toiletborstel

Toilettebürschteli

tandenborstel

Zahbürstä

tandpasta

Zahpasta

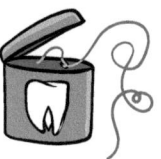

flosdraad

Zahnsiide

wassen

wäsche

handdouche

Handduschi

bidethanddouche

Intiimduschi

waskom

Wöschbecki

rugborstel

Ruggäbürste

zeep

Seifä

douchegel

Duschgel

shampoo

Shampoo

washandje

Waschlappä

afvoer

Abfluss

crème

Creme

deodorant

Deo

spiegel

Spiegel

handspiegel

Handspiegel

scheermes

Rasierer

scheerschuim

Rasierschuum

aftershave

Aftershave

kam

Schträäl

borstel

Bürstä

haardroger

Föhn

haarlak

Hoorspray

make-up

Makeup

lippenstift

Lippestift

nagellak

Nagellack

watten

Wattä

nagelknipper

Nagelscher

parfum

Parfum

toilettas

Necessaire

kruk

Schemel

weegschaal

Waag

badjas

Badmantel

latex handschoenen

Gummihändscheh

tampon

Tampon

maandverband

Damebinde

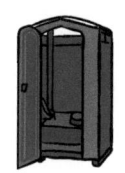

chemisch toilet

chemischi Toilette

kinderkamer
Chinderzimmer

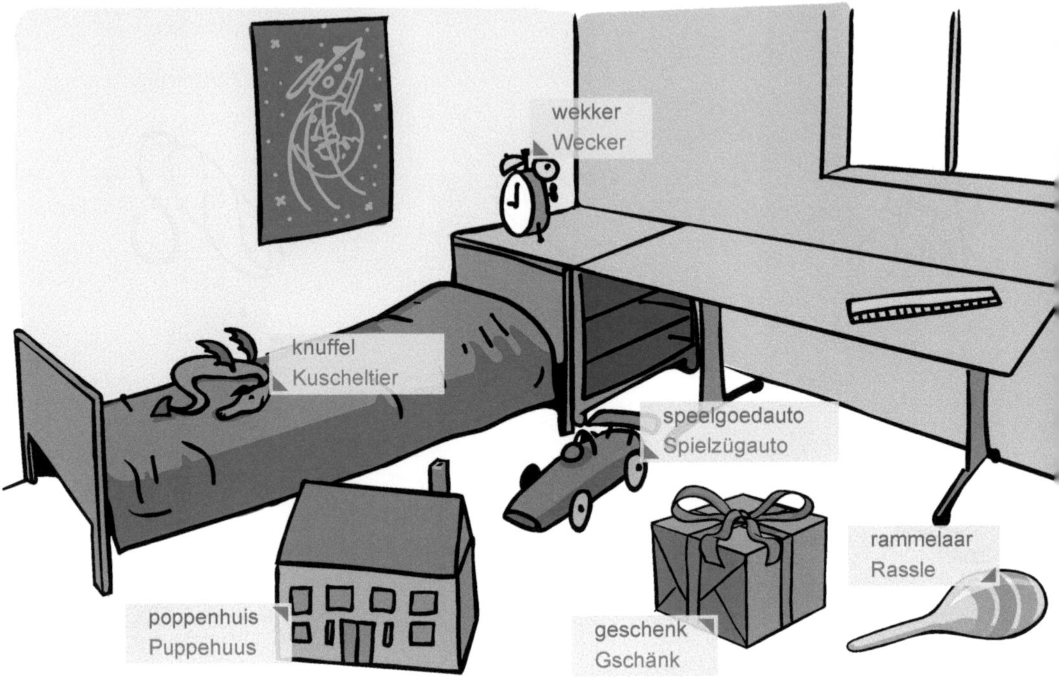
wekker
Wecker
knuffel
Kuscheltier
speelgoedauto
Spielzügauto
rammelaar
Rassle
poppenhuis
Puppehuus
geschenk
Gschänk

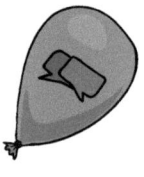

ballon
Ballon

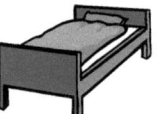

bed
Bett

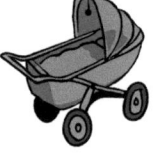

kinderwagen
Chinderwage

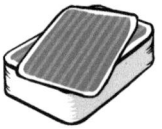

spel kaarten
Chartespiel

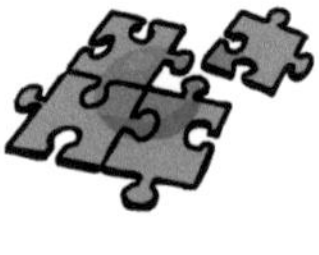

puzzel
Puzzle

SUPER MEGA

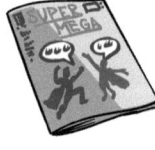

stripboek
Comic

legoblokjes

Legos

blokken

Baustei

actiefiguur

Action Figur

kruippakje

Strampli

frisbee

Frisbee

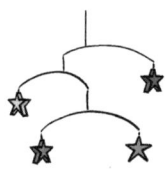

mobiel

Mobile

bordspel

Brättspiel

dobbelsteen

Würfäl

modelspoorweg

Modellisebahn

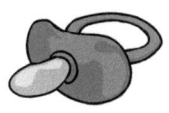

fopspeen

Nuggi

feest

Party

prentenboek

Bilderbuch

bal

Ball

pop

Puppä

spelen

spiele

zandbak

Sandchaschte

schommel

Gigampfi

speelgoed

Spielzüg

spelconsole

Videospielkonsole

driewieler

Dreirad

knuffelbeer

Teddy

kleerkast

Chleiderschrank

kleding
Chleidig

sokken

Sockä

kousen

Strümpf

maillot

Strumpfhosä

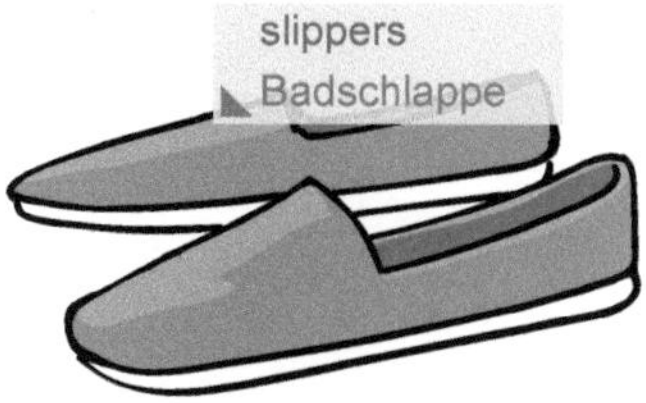

sjaal
Schal

paraplu
Rägeschirm

T-shirt
T-Shirt

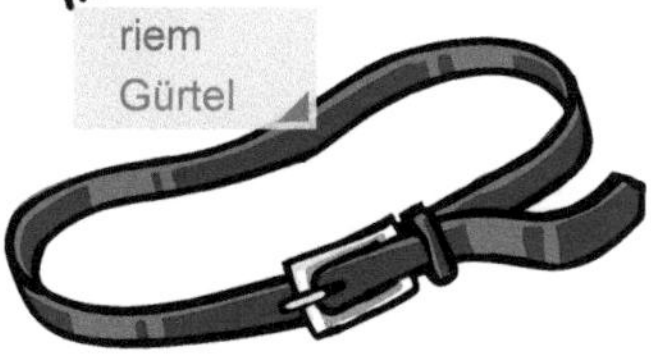

riem
Gürtel

laarzen
Stiefel

slippers
Badschlappe

sneakers
Turnschueh

sandalen
....
Sandalä

schoenen
....
Schueh

rubberlaarzen
....
Gummistiefel

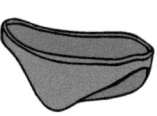

onderbroek
....
Untrhosä

beha
....
BH

onderhemd
....
Underlibli

lichaam
Body

broek
Hosä

jeans
Jeans

rok
Rock

blouse
Bluse

hemd
Hömli

trui
Pulli

capuchontrui
Kapuzepulli

blazer
Blazer

jas
Jacke

jas
Mantel

regenjas
Rägämantel

kostuum
Chostüm

jurk
Chleid

trouwjurk
Hochziitskleid

pak

Ahzug

nachthemd

Nachthömli

pyjama

Pyjama

sari

Sari

hoofddoek

Chopftuäch

tulband

Turban

boerka

Burka

kaftan

Kaftan

abaya

Abaya

badpak

Badchleid

zwembroek

Badhose

short

churzi Hosä

trainingspak

Trainer

schort

Schürze

handschoenen

Händsche

knoop

Chnopf

bril

Brüllä

armband

Armband

ketting

Chetti

ring

Ring

oorbel

Ohrering

pet

Chappe

kapstok

Chleiderbügel

hoed

Huet

das

Grawattä

rits

Riissverschluss

helm

Helm

bretellen

Hosäträger

schooluniform

Schueluniform

uniform

Uniform

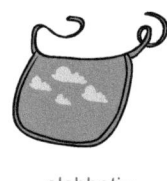

slabbetje

Lätzli

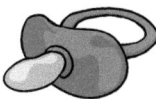

fopspeen

Nuggi

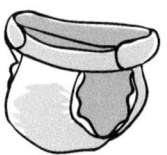

luier

Windle

kantoor
Büro

server
Server
dossierkast
Akteschrank
printer
Drucker
papier
Papier
monitor
Monitor
muis
Muus
bureau
Schribtisch
map
Ordner
toestenbord
Taschtatur
papiermand
Papierchorb
stoel
Stuehl
computer
Computer

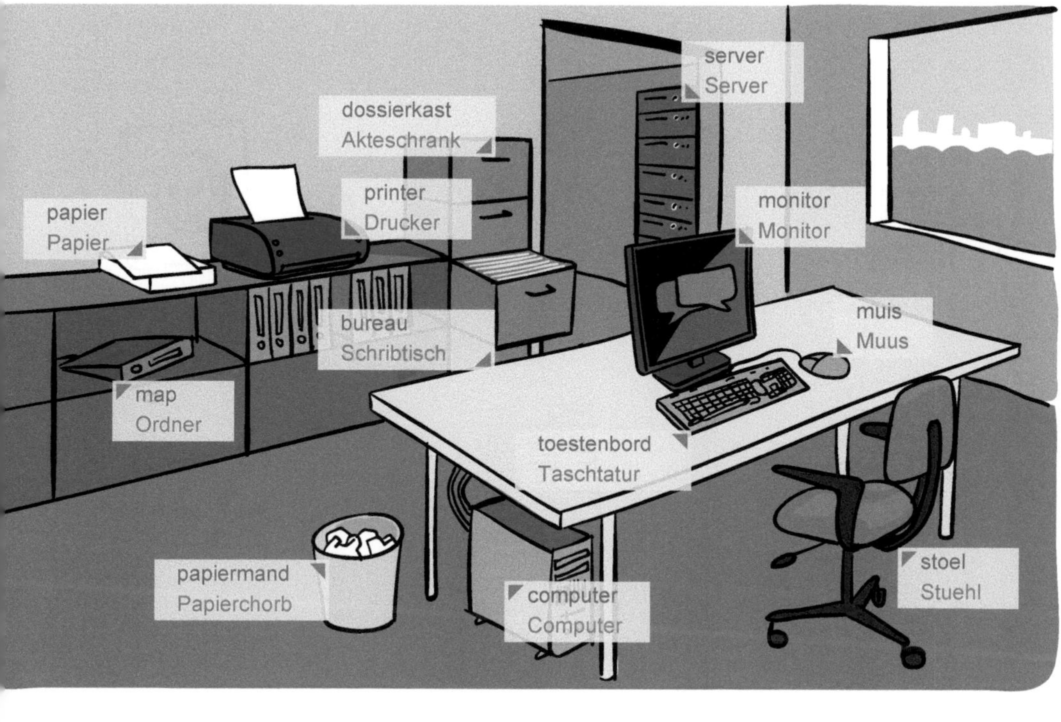

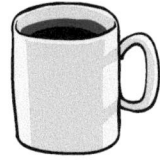

koffiemok

Kafibächer

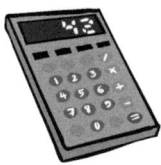

rekenmachine

Tascherächner

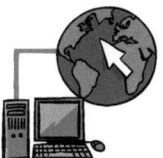

internet

Internet

laptop

Laptop

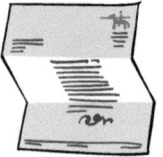

brief

Brief

bericht

Nochricht

gsm

Mobiltelefon

netwerk

Netzwärk

kopieerapparaat

Kopierer

software

Software

telefoon

Telefon

stopcontact

Steckdosä

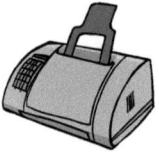

fax

Fax

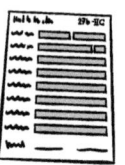

formulier

Formular

document

Dokumänt

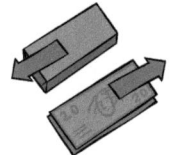

kopen

chaufe

betalen

zahle

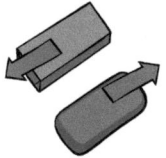

handelen

handle

geld

Gäld

dollar

Dollar

euro

Euro

yen

Yen

roebel

Rubel

Zwitserse frank

Frankä

Chinese renminbi

Renminbi Yuan

roepie

Rupie

geldautomaat

Gäldautomat

wisselkantoor

Wächselstube

goud

Gold

zilver

Silber

olie

Öl

energie

Energie

prijs

Priis

contract

Vertrag

belasting

Stüür

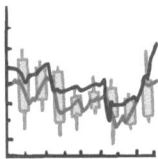

aandeel

Aktie

werken

schaffe

werknemer

Mitarbeiter

werkgever

Arbeitgeber

fabriek

Fabrik

winkel

Gschäft

politieagent
Polizischt

brandweerman
Füürwehrmaa

kok
Choch

dokter
Arzt

piloot
Pilot

tuinman
Gärtner

timmerman
Zimmermah

naaister
Näheri

rechter
Richter

chemicus
Chemiker

acteur
Darsteller

buschauffeur

Busfahrer

taxichauffeur

Taxifahrer

visser

Fischer

schoonmaakster

Putzfrau

dakdekker

Dachdecker

ober

Chällner

jager

Jäger

schilder

Moler

bakker

Bäcker

elektricien

Elektriker

bouwvakker

Bauarbeiter

ingenieur

Ingenieur

slager

Schlachter

loodgieter

Klämpner

postbode

Pöschtler

soldaat

Soldat

architect

Architekt

kassier

Kassierer

bloemist

Florischt

kapper

Frisör

conducteur

Kontrolleur

mecanicien

Mechaniker

kapitein

Kapitän

tandarts

Zahnarzt

wetenschapper

Wüsseschaftler

rabbijn

Rabbi

imam

Imam

monnik

Mönch

geestelijke

Pfarrer

werktuigen
Werkzüüg

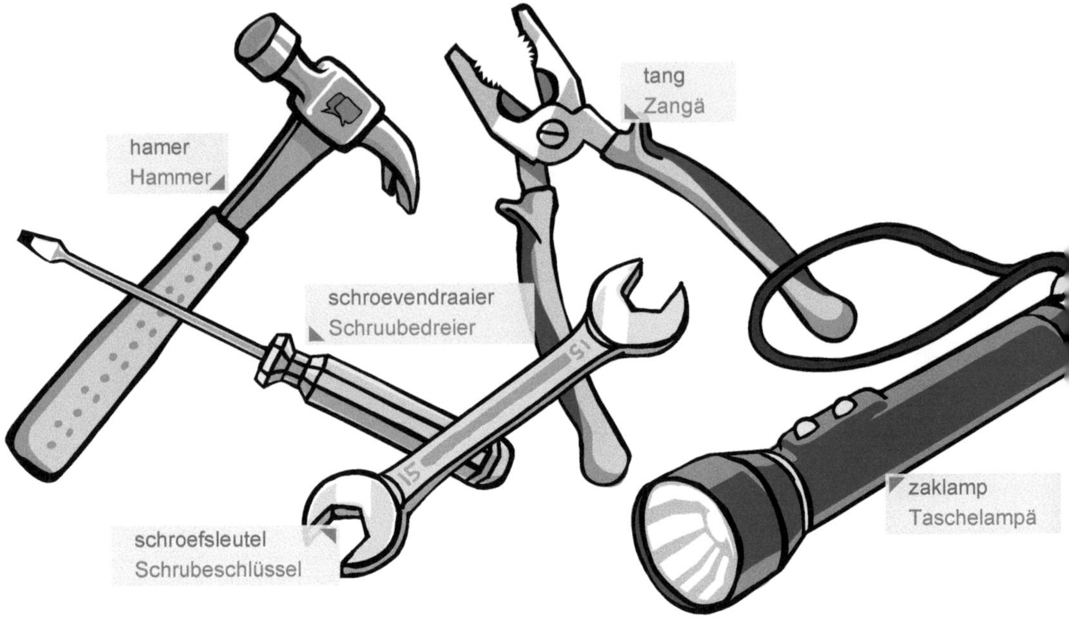
hamer
Hammer
tang
Zangä
schroevendraaier
Schruubedreier
zaklamp
Taschelampä
schroefsleutel
Schrubeschlüssel

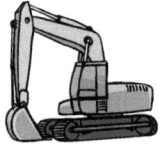

graafmachine

Bagger

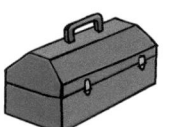

gereedschapskoffer

Werkzüügchaschte

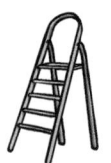

ladder

Leitere

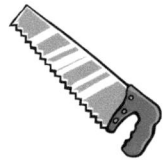

zaag

Sagi

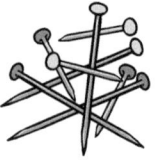

spijkers

Negel

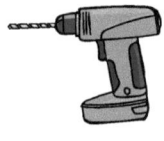

boormachine

Bohrer

repareren
flicke

schop
Schufle

Verdomme!
Mischt!

blik
Ascheschufle

verfpot
Farbchübel

schroeven
Schruube

muziekinstrumenten
Musiginstrumänt

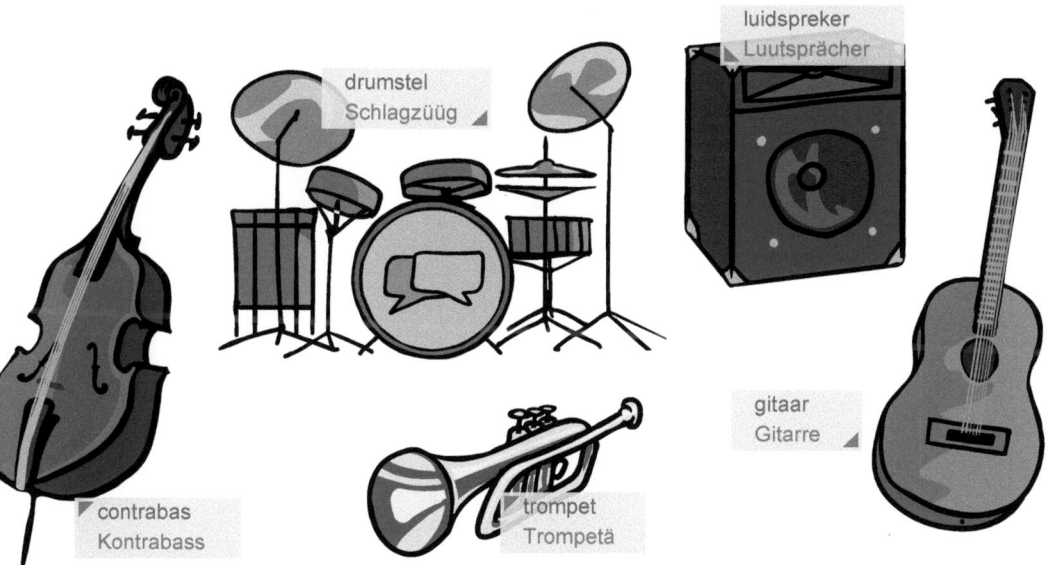

drumstel
Schlagzüüg

luidspreker
Luutsprächer

contrabas
Kontrabass

trompet
Trompetä

gitaar
Gitarre

piano

Klavier

viool

Violine

basgitaar

Bass

pauk

Pauke

trommels

Trummle

keyboard

Keyboard

saxofoon

Saxophon

fluit

Flöte

microfoon

Mikrofon

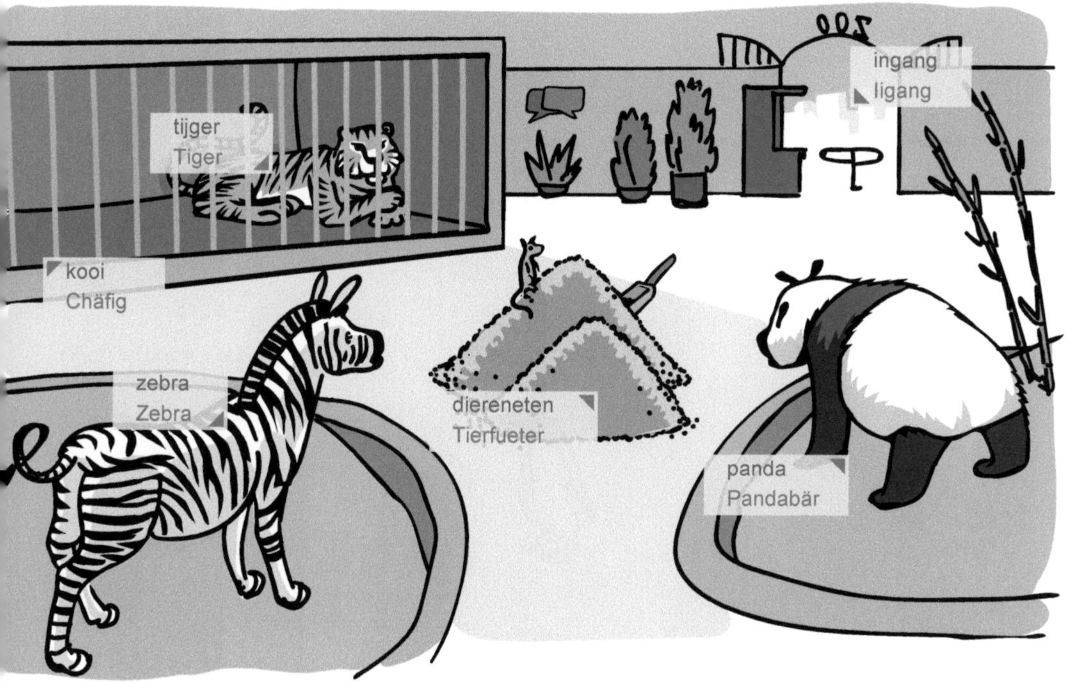

ingang
ligang

tijger
Tiger

kooi
Chäfig

zebra
Zebra

diereneten
Tierfueter

panda
Pandabär

dieren

Tier

olifant

Elefant

kangoeroe

Känguru

neushoorn

Nashorn

gorilla

Gorilla

beer

Bär

kameel

Kamel

struisvogel

Struss

leeuw

Leu

aap

Aff

flamingo

Flamingo

papegaai

Papagei

ijsbeer

Iisbär

pinguïn

Pinguin

haai

Hai

pauw

Pfau

slang

Schlangä

krokodil

Krokodil

dierenverzorger

Zoowärter

zeehond

Robbä

jaguar

Jaguar

zoo - Zolli

pony

Pony

luipaard

Leopard

nijlpaard

Nilpfärd

giraffe

Giraff

adelaar

Adler

wild zwijn

Wildschwein

vis

Fisch

zeeschildpad

Schildkrot

walrus

Walross

vos

Fuchs

gazelle

Gazelle

rugby
American Football

wielrennen
Velofahre

tennis
Tennis

basketbal
Basketball

zwemmen
Schwümmä

boksen
Boxä

ijshockey
Iishockey

voetbal
Fuessball

badminton
Badminton

atletiek
Liechtathletik

handbal
Handball

skiën
Skifahre

polo
Polo

activiteiten
Aktivitäte

lachen
lachä
springen
springä
knuffelen
umarme
wandelen
gah
zingen
singe
dromen
troime
bidden
bätte
kussen
küssä

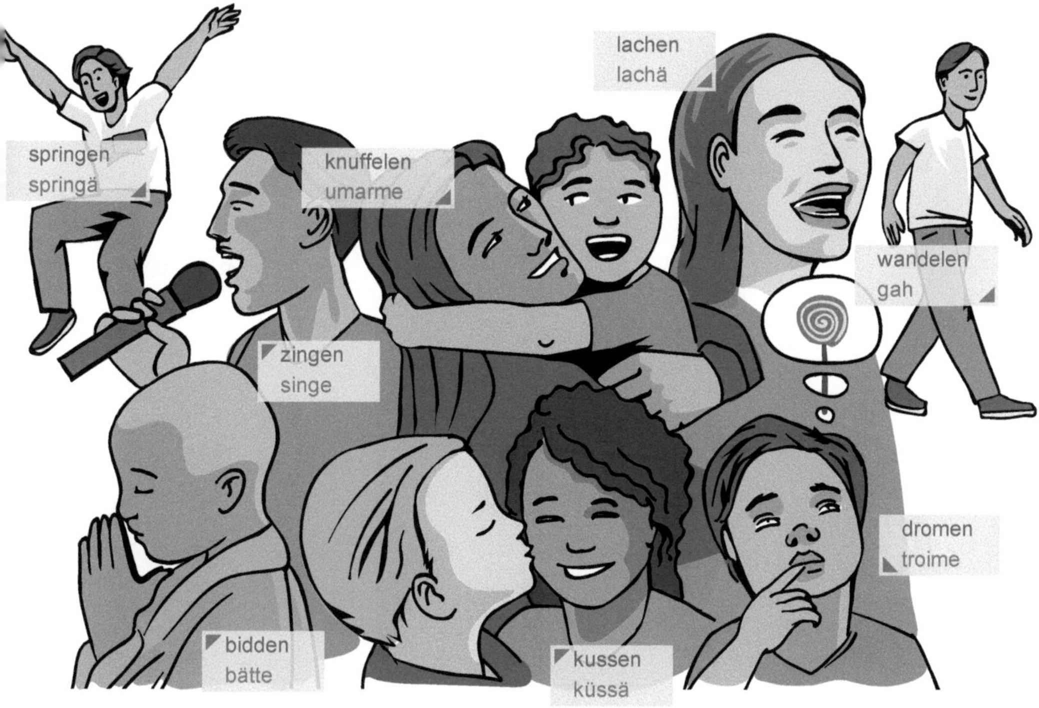

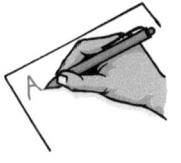

schrijven

schribe

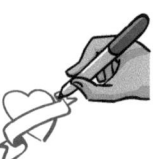

tekenen

zeichne

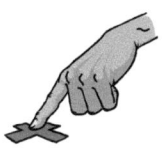

tonen

zeige

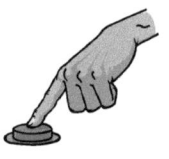

duwen

schiebe

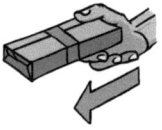

geven

gäh

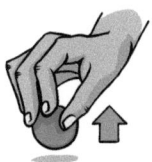

nemen

näh

hebben

händ

doen

mache

zijn

sy

staan

stah

lopen

laufe

trekken

zieh

gooien

rüerä

vallen

fallä

liggen

ligge

wachten

warte

dragen

träge

zitten

sitze

aankleden

ahzieh

slapen

schlafe

ontwaken

ufwache

kijken naar

ahluege

wenen

brüele

aaien

striichle

kammen

bürste

praten

redä

begrijpen

verschtah

vragen

froog

luisteren

lose

drinken

trinke

eten

ässe

opruimen

ufruume

houden van

liebe

koken

chochä

rijden

fahre

vliegen

flüge

zeilen

segle

rekenen

rächne

Lezen

läse

leren

leerä

werken

schaffe

trouwen

hürate

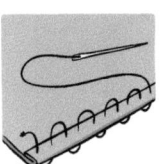

naaien

näije

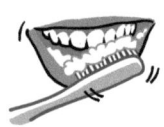

tandenpoetsen

Zäh putze

doden

töte

roken

schlootä

sturen

sände

grootmoeder
Grossmuetter

grootvader
Grossvater

vader
Vatter

moeder
Muetter

baby
Baby

dochter
Tochter

zoon
Sohn

gast

Gast

tante

Tante

oom

Unkel

broer

Brüeder

zus

Schwöschter

lichaam

Körpär

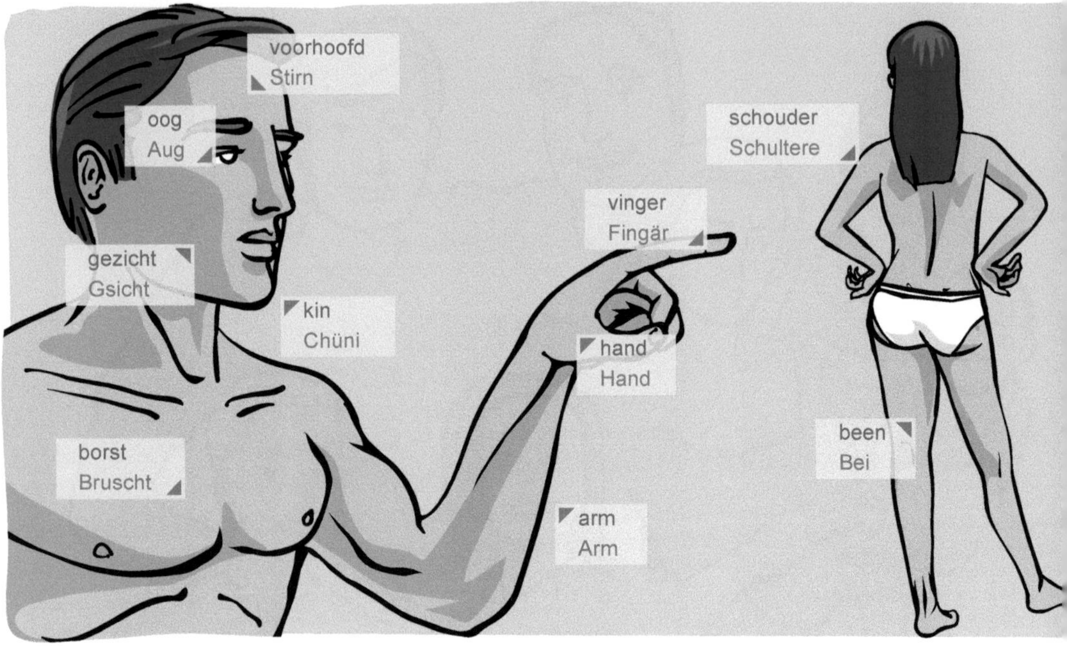

voorhoofd
Stirn

oog
Aug

schouder
Schultere

gezicht
Gsicht

vinger
Fingär

kin
Chüni

hand
Hand

borst
Bruscht

been
Bei

arm
Arm

baby
Baby

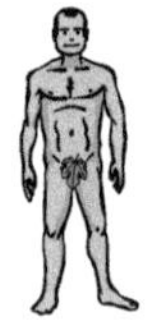

man
Mah

vrouw
Frau

meisje
Meitli

jongen
Bueb

hoofd
Chopf

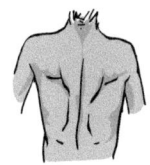

rug
Ruggä

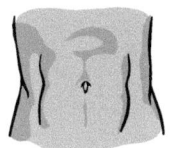

buik
Buuch

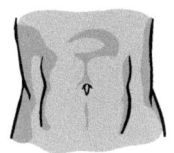

navel
Buchnabel

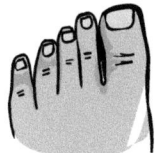

teen
Zäche

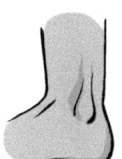

hiel
Fersä

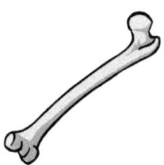

bot
Knoche

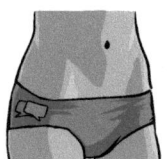

heup
Hüfte

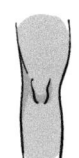

knie
Chnü

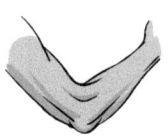

elleboog
Ellbogä

neus
Nase

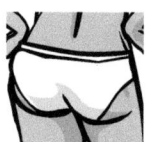

zitvlak
Füdli

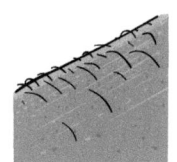

huid
Hut

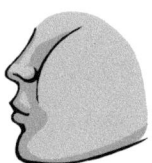

wang
Bagge

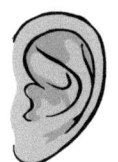

oor
Ohr

lip
Lippe

mond
Muul

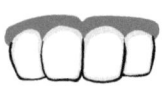

tand
Zah

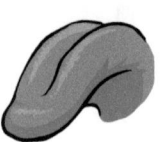

tong
Zungä

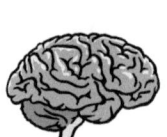

hersenen
Hirni

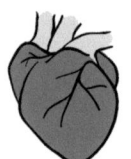

hart
Härz

spier
Muskel

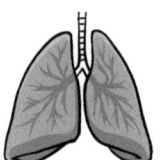

long
Lungä

lever
Läberä

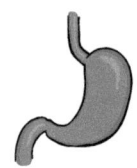

maag
Magen

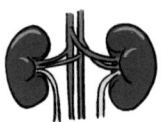

nieren
Nierä

seks
Gschlächtsvrkehr

condoom
Kondom

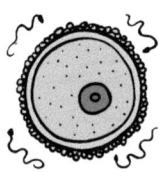

eicel
Eizälle

sperma
Soome

zwangerschap
Schwangerschaft

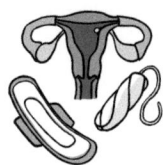

menstruatie

Menstruation

vagina

Vagina

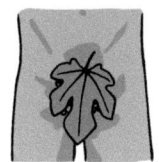

penis

Penis

wenkbrauw

Augebrauä

haar

Haar

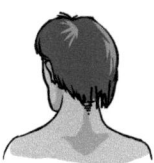

nek

Hals

ziekenhuis
Spital

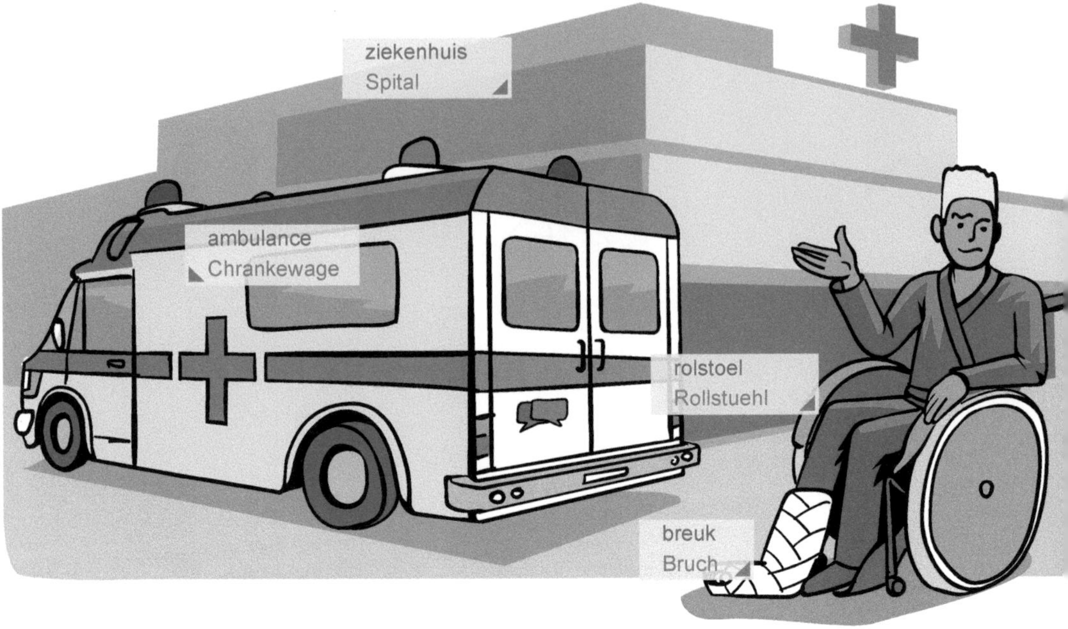

ziekenhuis
Spital
ambulance
Chrankewage
rolstoel
Rollstuehl
breuk
Bruch

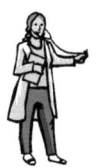

dokter

Arzt

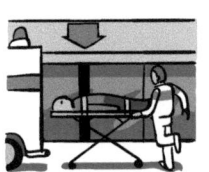

spoed

Notufnahm

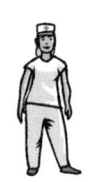

verpleegkundige

Chrankeschwöschter

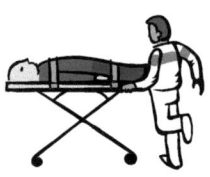

noodgeval

Notfall

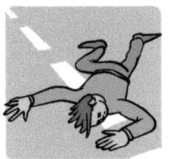

bewusteloos

ohnmächtig

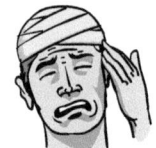

pijn

Schmärz

verwonding
Verletzig

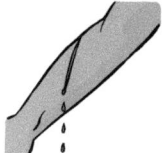

bloeding
Bluätig

hartaanval
Härzinfarkt

beroerte
Schlagahfall

allergie
Allergie

hoest
Hueschtä

koorts
Fieber

griep
Grippe

diarree
Durchfall

hoofdpijn
Kopfschmärze

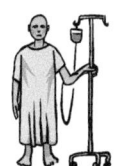

kanker
Kräbs

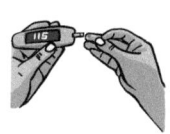

diabetes
Diabetes

chirurg
Chirurg

scalpel
Skalpell

operatie
Operation

CT
CT

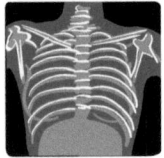

röntgenstraal
Röntgä

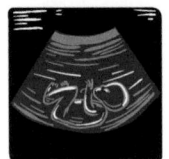

ultrageluid
Ultraschall

gezichtsmasker
Gsichtsmaske

ziekte
Krankhet

wachtkamer
Wartezimmer

kruk
Krückä

pleister
Pflaster

verband
Vrband

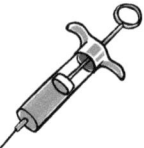

injectie
Injektion

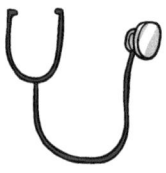

stethoscoop
Stethoskop

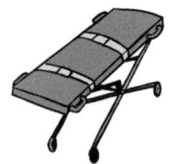

brancard
Trage

thermometer
Thermometer

geboorte
Geburt

overgewicht
Übergwicht

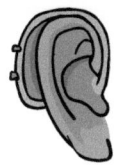

hoorapparaat

Hörgrät

ontsmettingsmiddel

Desinfektionsmittel

infectie

Infektion

virus

Virus

HIV / AIDS

HIV / AIDS

medicijn

Medizin

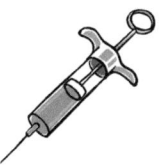

vaccinatie

Impfig

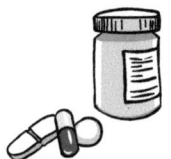

tabletten

Tablette

pil

Pille

noodoproep

Notruef

bloeddrukmeter

Bluetdruck-Mässgrät

ziek / gezond

chrank / gsund

Help!
Hiufe!

alarm
Alarm

overval
Überfall

aanval
Ahgriff

gevaar
Gfohr

nooduitgang
Notuusgang

Brand!
Füür!

brandblusser
Füürlöscher

ongeval
Unfall

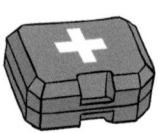

EHBO-kit
Ersti-Hilf-Koffer

SOS
SOS

politie
Polizei

Europa

Europa

Noord-Amerika

Nordamerika

Zuid-Amerika

Südamerika

Afrika

Afrika

Azië

Asie

Australië

Auschtralie

Atlantische Oceaan

Atlantik

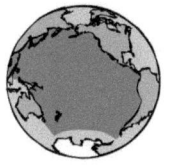

Stille Oceaan

Pazifik

Indische Oceaan

Indische Ozean

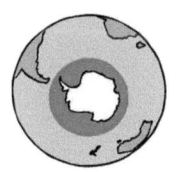

Antarctische Oceaan

Antarktische Ozean

Arctische Oceaan

Arktische Ozean

Noordpool

Nordpol

Zuidpool

Südpol

Antarctica

Antarktis

aarde

Ärde

land

Land

zee

Meer

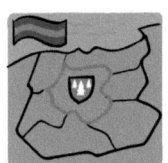

eiland

Inslä

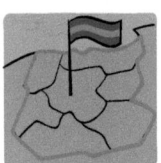

natie

Nation

staat

Staat

wijzerplaat

Ziffereblatt

uurwijzer

Stundezeiger

minuutwijzer

Minutezeiger

secondewijzer

Sekundezeiger

Hoe laat is het?

Wie spaht isch es?

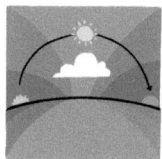

dag

Tag

tijd

Zit

nu

jetzt

digitale horloge

Digitaluhr

minuut

Minute

uur

Stunde

week

Wuche

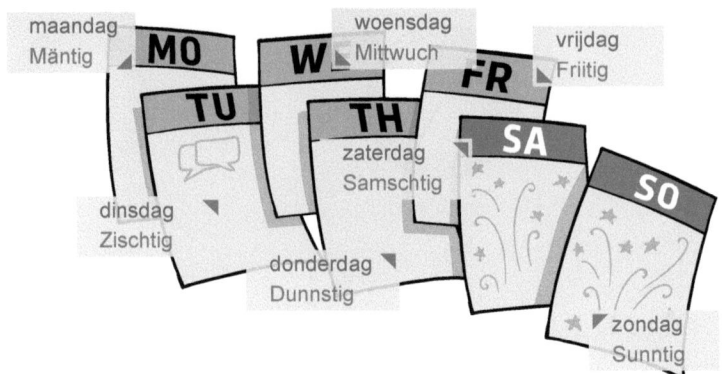

maandag Mäntig — MO
woensdag Mittwuch — W
vrijdag Friitig — FR
TU
TH
zaterdag Samschtig — SA
dinsdag Zischtig
donderdag Dunnstig
zondag Sunntig — SO

gisteren
....
geschter

vandaag
....
hüt

morgen
....
morn

ochtend
....
Morgä

middag
....
Mittag

avond
....
Aabig

werkdagen
....
Wärktag

weekend
....
Wuchenänd

jaar
Johr

regen
Räge
regenboog
Rägeboge
wind
Wind
sneeuw
Schnee
lente
Früelig
zomer
Summer
herfst
Herbscht
winter
Winter

4.APRIL 11°
5.APRIL 4°
6.APRIL 13°
7.APRIL 8°
8.APRIL 10°

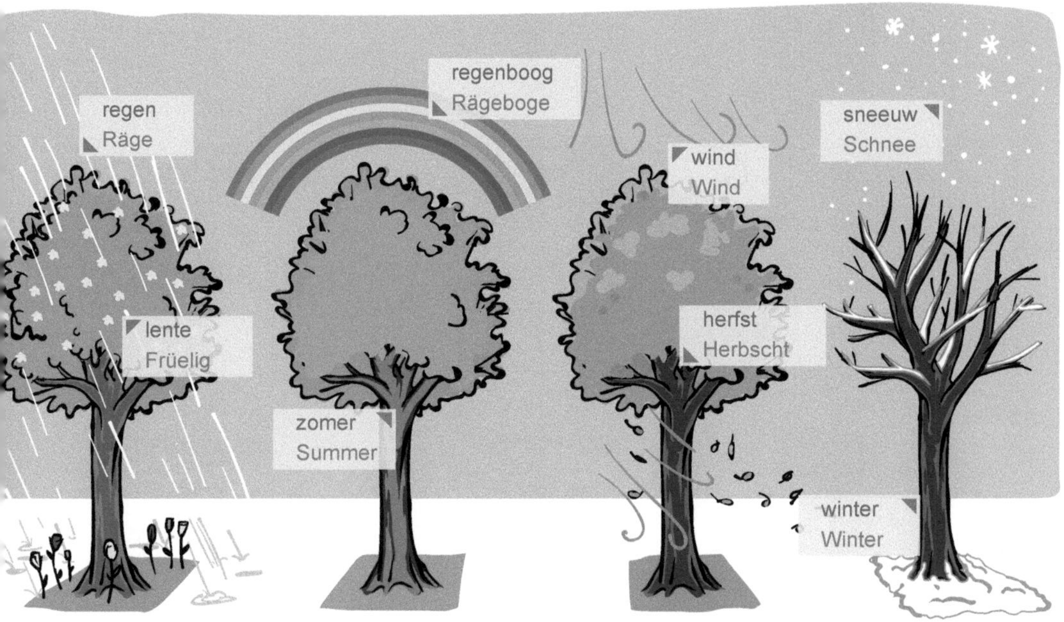

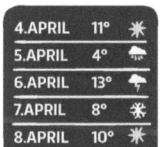

weervoorspelling

Wättervorhärsag

F
C
120
90
60
30
0
-30
40
30
20
10
0
-10
-20

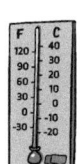

thermometer

Thermometer

zonneschijn

Sunneschiin

wolk

Wolkä

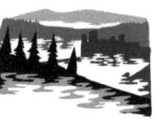

mist

Näbel

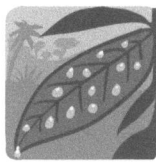

vochtigheid

Fiechtigkeit

bliksem

Blitz

donder

Dunner

storm

Sturm

hagel

Hagel

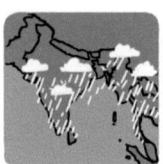

moesson

Monsun

overstroming

Fluet

ijs

Iis

januari

Januar

februari

Februar

maart

März

april

April

mei

Mai

juni

Juni

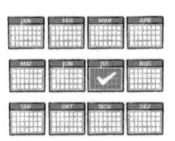

juli

Juli

augustus

Auguscht

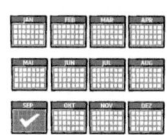

september
....
Septämber

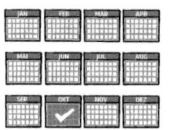

oktober
....
Oktober

november
....
Novämber

december
....
Dezämber

vormen
Forme

cirkel
....
Kreis

kwadraat
....
Quadrat

rechthoek
....
Rächteck

driehoek
....
Dreieck

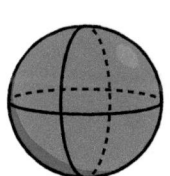

bol
....
Chugele

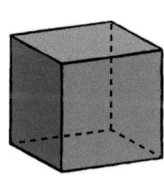

kubus
....
Würfel

wit
....
wiss

geel
....
gäl

oranje
....
orange

roze
....
pink

rood
....
rot

paars
....
liila

blauw
....
blau

groen
....
grüen

bruin
....
bruun

grijs
....
grau

zwart
....
schwarz

veel / weinig

viel / wenig

boos / kalm

hässig / ruhig

mooi / lelijk

hübsch / hässlich

begin / einde

Ahfang / Ändi

groot / klein

gross / chli

licht / donker

hell / dunkel

broer / zus

Brüeder / Schwöschter

proper / vuil

suuber / dräckig

volledig / onvolledig

vollständig / unvollständig

dag / nacht

Tag / Nacht

dood / levend

tot / läbig

breed / smal

breit / schmal

eetbaar / oneetbaar

ässbar / nid ässbar

kwaadaardig / vriendelijk

bös / fründlich

opgewonden / verveeld

uffreggt / glangwilt

dik / dun

dick / dünn

eerst / laatst

zerscht / zletscht

vriend / vijand

Fründ / Find

vol / leeg

voll / läär

hard / zacht

hart / weich

zwaar / licht

schwer / liecht

honger / dorst

Hunger / Durscht

ziek / gezond

chrank / gsund

illegaal / legaal

illegal / legal

intelligent / dom

intelligänt / gatz

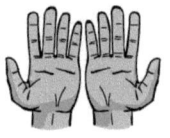

links / rechts

links / rächts

dichtbij / veraf

nöch / wiit weg

nieuw / gebruikt

neu / bruucht

niets / iets

nüt / öpis

oud / jong

alt / jung

aan / uit

ah / uss

open / dicht

offe / zue

stil / luid

lislig / luut

rijk / arm

riich / arm

juist / fout

richtig / falsch

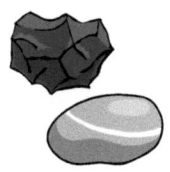

ruw / glad

rau / glatt

droevig / blij

truurig / glücklich

kort / lang

churz / lang

traag / snel

langsam / schnäll

nat / droog

nass / trochä

warm / koud

warm / chalt

oorlog / vrede

Chrieg / Friede

0

nul

Null

1

één

eis

2

twee

zwei

3

drie

drü

4

vier

vier

5

vijf

foif

6

zes

sächs

7

zeven

sibe

8

acht

acht

9

negen

nün

10

tien

zäh

11

elf

elf

12

twaalf

zwölf

13

dertien

drizäh

14

veertien

vierzäh

15

vijftien

füfzäh

16

zestien

sächzäh

17

zeventien

siebzäh

18

achtien

achtzäh

19

negentien

nünzäh

20

twintig

zwänzg

100

honderd

Hundert

1.000

duizend

Tuusig

1.000.000

miljoen

Million

Engels

Änglisch

Amerikaans Engels

Amerikanischs Änglisch

Chinees (Mandarijn)

Chinesisch Mandarin

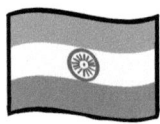

Hindi

Hindi

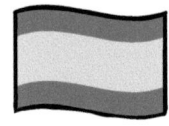

Spaans

Spanisch

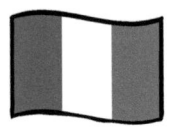

Frans

Französisch

Arabisch

Arabisch

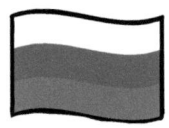

Russisch

Russisch

Portugees

Portugiesisch

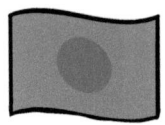

Bengali

Bengalisch

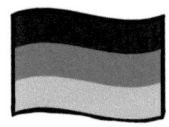

Duits

Dütsch

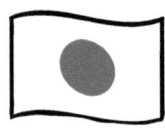

Japans

Japanisch

ik
ich

u
du

hij / zij / het
är / sie / es

wij
mir

u
ihr

ze
sie

wie?
wär?

wat?
was?

hoe?
wie?

waar?
wo?

wanneer?
wänn?

naam
Name

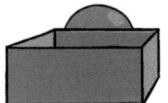

achter

hinder

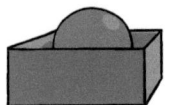

in

in

voor

vor

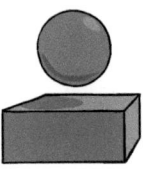

boven

über

op

uf

onder

under

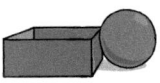

naast

näbe

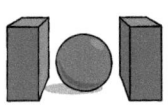

tussen

zwüsche

plaats

Ort